Homilia,
partilha da Palavra

Siglas usadas:

CELAM – Conferência Episcopal Latino-americana.

CNBB – Conferência Nacional dos Bispos do Brasil.

IELM – Introdução ao Elenco das Leituras da Missa (1981). (Encontra-se no início dos lecionários.)

IGMR – Instrução Geral sobre o Missal Romano (1969).

SC – *Sacrosanctum Concilium,* Constituição do Concílio Vaticano II sobre a Sagrada Liturgia (1963).

"CELEBRA – Rede de Animação litúrgica – formada de pessoas, grupos e comunidades abertas ao diálogo ecumênico, comprometidas com uma liturgia cristã, fonte de espiritualidade, inculturada na caminhada solidária dos pobres."

Coleção Rede Celebra

1. *A Palavra de Deus na Liturgia* – Ione Buyst
2. *O ministério de leitores e salmistas* – Ione Buyst
3. *Homilia, partilha da Palavra* – Ione Buyst
4. *O espaço da celebração: mesa, ambão e outras peças* – Regina Céli de Albuquerque Machado
5. *Domingo, dia do Senhor* – Ione Buyst
6. *Presidir a celebração do Dia do Senhor* – Ione Buyst
7. *Pão e vinho para nossa ceia com o Senhor* – Ione Buyst
8. *Mística e liturgia. Beba da fonte* – Ione Buyst
9. *Ofício divino das comunidades. Uma introdução* – Penha Carpanedo

IONE BUYST

Homilia, partilha da Palavra

Dados Internacionais de Catalogação na Publicação (CIP)
(Câmara Brasileira do Livro, SP, Brasil)

Buyst, Ione
    Homilia, partilha da Palavra / Ione Buyst [ilustrações de Edmar Oliveira].
– 8. ed. – São Paulo: Paulinas, 2012. – (Coleção rede celebra; 3 / coordenadores
Domingos Ormonde, Penha Carpanedo)

    ISBN 978-85-356-3098-5

    1. Espiritualidade 2. Semões I. Oliveira, Edmar II. Ormonde,
Domingos III. Carpanedo, Penha. IV. Título. V. Série.

12-03068   CDD-252

Índice para catálogo sistemático:
1. Homilias : Textos : Cristianismo   252

Revisado conforme a nova ortografia.

8ª edição – 2012
4ª reimpressão – 2019

Direção geral:	Maria Bernadete Boff
Coordenação editorial:	Noemi Dariva
Revisão:	Maurício Cruz
Gerente de produção:	Felício Calegaro Neto
Direção de arte:	Irma Cipriani
Coordenação da coleção "Rede Celebra":	Domingos Ormonde e Penha Carpanedo
Ilustrador:	Edmar Oliveira
Editoração:	Andrea Lourenço

Nenhuma parte desta obra poderá ser reproduzida ou transmitida
por qualquer forma e/ou quaisquer meios (eletrônico ou mecânico,
incluindo fotocópia e gravação) ou arquivada em qualquer sistema ou
banco de dados sem permissão escrita da Editora. Direitos reservados.

Paulinas

Rua Dona Inácia Uchoa, 62
04110-020 – São Paulo – SP (Brasil)
Tel.: (11) 2125-3500
http://www.paulinas.com.br – editora@paulinas.com.br
Telemarketing e SAC: 0800-7010081
© Pia Sociedade Filhas de São Paulo – São Paulo, 2003

Sumário

Siglas usadas 4

Introdução 7

  1. Uma recente redescoberta 9

  2. O que é homilia? 12

  3. Expor os mistérios da fé 13

  4. Partir do texto sagrado 15

  5. Seguir o Ano Litúrgico 16

  6. Ligar com a realidade atual 18

  7. Ouvir a Palavra de Deus na América Latina 21

  8. Ligar com a realidade sacramental 24

  9. Homiliasta, com a ajuda do Espírito Santo 29

 10. Aprendendo com homilias no Novo Testamento ... 32

 11. Passos na preparação de uma homilia 36

 12. Subsídios para a preparação da homilia 41

 13. Momento de fazer a homilia: alguns lembretes 44

 14. Homilia dialogada 48

 15. Como avaliar a homilia? 51

Leituras recomendadas 53

Introdução

A cada domingo os cristãos são chamados a se encontrar em comunidade para fazer memória de Jesus, o Cristo, ouvindo sua Palavra e celebrando a Eucaristia. Principalmente as pessoas que assumem um serviço nesta celebração, têm necessidade de um aprofundamento, de uma formação.

Na presente Coleção Rede Celebra, já foram publicados dois pequenos livros: *A palavra de Deus na liturgia* e *O ministério de leitores e salmistas*. Este é o terceiro. Continua o assunto da Palavra de Deus na liturgia, agora enfocando a homilia, que é o momento da interpretação, da atualização das leituras bíblicas ouvidas. É preciso fazer com que Cristo, o Senhor, possa falar ao coração e à mente de seu povo reunido, dentro da realidade de sua vida cotidiana, de sua cultura, de sua história.

Normalmente, a homilia é tarefa dos padres; faz parte de seu ministério. Porém, todos sabemos que mais ou menos 70% das comunidades, que se reúnem aos domingos, não podem contar todos os domingos com um ministro ordenado. Mas nem por isso as comunidades ficam sem alguém que faça a partilha do pão indispensável da Palavra de Deus. Por toda parte, o Espírito Santo foi suscitando e a Igreja foi organizando e preparando ministros da Palavra de Deus, homens e mulheres da comunidade que se colocam à disposição do Senhor e dos irmãos e irmãs. Entre outras tarefas, cabe-lhes garantir a partilha da Palavra de Deus entre os irmãos, cabe-lhes fazer a homilia.

Quem já fez homilia sabe que se trata de uma tarefa nada fácil. E é até difícil *aprender* a fazer homilia. Este livrinho pretende ajudar nesta tarefa. Oferece como que uma introdução. Porém, é somente com o tempo, com a prática constante de preparar, fazer e avaliar a homilia, que iremos adquirindo experiência e um conhecimento mais completo, mais profundo.

Se possível, leiam e discutam este livro juntos, parte por parte. Tentem colocar em prática suas orientações e avaliá-las. Sem dúvida, toda a comunidade ganhará com isso.

1. Uma recente redescoberta

Imaginem por um instante que na sua família havia um objeto muito valioso, que com o tempo foi parar não sei onde, caindo no esquecimento, fazendo com que ninguém mais sentisse falta dele. Foi mais ou menos isso o que aconteceu com a homilia. Na tradição judaica e cristã, a leitura dos textos sagrados sempre vinha acompanhada de sua interpretação, de sua atualização para a comunidade reunida num determinado lugar e num determinado momento da vida e da história. Vejam, por exemplo, a dupla *leituras/homilia* num dos textos mais antigos sobre a missa de domingo, escrito por Justino (+ 165):

> E no dia que é chamado Dia do Sol, temos uma reunião de todos os que moram nas cidades e no campo. Lêem-se as memórias dos apóstolos e os escritos dos profetas, tanto quanto o tempo o permitir. Quando o leitor tiver terminado a leitura, quem preside fala uma palavra de advertência e de animação para pormos em prática tudo de bom que ouvimos (1ª Apologia, 67).

A um dado momento se perdeu o costume de fazer a homilia; em alguns casos foi substituída por um sermão. Qual a maior diferença entre homilia e sermão? No sermão falava-se de qualquer assunto, não necessariamente ligado com os textos sagrados. E também não fazia parte integrante da liturgia: interrompia-se a missa para fazer o sermão e o padre até tirava a casula para subir ao púlpito e fazia o sinal da cruz no início e no fim. Então, o sermão era como um corte no meio da missa, uma interpolação.

Somente na década de 1960, com a renovação do Concílio Vaticano II, é que a homilia foi reintroduzida na prática da Igreja. E assim, aos poucos, foi recuperando o lugar que jamais deveria ter perdido.

Diz o Concílio Vaticano II, na *Constituição sobre a Sagrada Liturgia* (1963), SC, n. 52:

- a homilia é parte da liturgia;

- expõe os mistérios da fé e as normas de vida cristã, no decorrer do Ano Litúrgico;

- faz-se sobre o texto sagrado;

- não deve ser omitida sem grave causa nas missas de domingo e dias de guarda.

A Introdução ao Elenco das Leituras da Missa (IELM, 1981), no n. 24, retoma estes dados e acrescenta mais um elemento importante:

Cristo está sempre presente e operante na pregação da Igreja.

Com isso, retoma um ensinamento do papa Paulo VI em sua encíclica *Mysterium Fidei* (1965), completando o texto da SC, n. 7 que fala da presença de Cristo quando se lêem as Sagradas Escrituras na comunidade reunida. Ou seja, também na homilia, Cristo está presente e nos dá sua Palavra.

Portanto, a homilia é, juntamente com toda a liturgia, uma ação sacramental: pelas palavras humanas (ou, às vezes, apesar delas!), Deus está presente, nos atinge com sua Palavra e nos transforma.

2. O que é homilia?

A maioria das pessoas certamente já se acostumou com a palavra *homilia*. Mas sempre é bom conhecer o significado das palavras que usamos. *Homilia* é um termo que vem da língua grega. Sugere *uma conversa familiar*. Não é discurso, nem aula, nem palestra. Daí a necessidade de se encontrar o tom adequado de quem conversa de igual para igual, como irmãos e irmãs entre si, humildemente, buscando juntos uma Palavra do Senhor.

A homilia serve antes de tudo para *encorajar, animar, exortar, consolar* (Ver Atos 13,14-42) e não tanto para ensinar ou dar lições de moral.

3. Expor os mistérios da fé

De que deve falar a homilia? Qual o assunto? Os mistérios da fé! A pessoa de Jesus Cristo, sua missão, vida, morte-ressurreição, o derramamento do Espírito, a vinda gloriosa no fim dos tempos; o Reino de Deus que está crescendo entre nós, renovando toda a humanidade, toda a criação; nossa comunhão com o Pai, por Cristo, com Cristo e em Cristo, na unidade do Espírito Santo; a comunhão profunda de todas as coisas, de todos os povos, de todas as culturas em Deus.

E qual é o objetivo de se exporem os mistérios da fé? Não se trata apenas de uma comunicação, uma informação, como se faz numa aula. Tem como objetivo levar-nos a uma participação ativa e consciente na Eucaristia, a uma união profunda com a pessoa de Jesus, para podermos viver de acordo com a fé que professamos (cf. SC, n. 10) e assim ir fazendo nossa páscoa. Pela participação na celebração, o Pai vai nos moldando, pouco a pouco, até deixar aparecer em nós o rosto de seu Filho – a imagem de Deus que o ser humano carrega em si, desde a criação. Aos poucos, vamos adquirindo os traços de Jesus, sua maneira de ser, pensar e agir. Aos poucos, mergulhamos na comunhão da Trindade Santa, mergulhamos no próprio mistério de Deus.

> Vejam a seguinte passagem bíblica: 2Coríntios 3,18:
>
> Paulo lembra que seu trabalho missionário não vem da capacidade dele, mas do Espírito, que dá a vida (em contraposição com a letra da lei, que mata). Quando lemos e comentamos as Escrituras, com o coração convertido ao Senhor, o véu é tirado para podermos conhecer e ver a glória de Deus:
>
> "E nós todos que, com a face descoberta, refletimos como num espelho a glória do Senhor, somos transfigurados nessa mesma imagem, cada vez mais resplandecente, pela ação do Senhor, que é Espírito."

Por isso, quem faz a homilia procure ligar seus ouvintes à pessoa de Jesus. É o contato com a pessoa de Jesus e com seu Espírito que provoca uma mudança de vida, uma conversão, como aconteceu com os personagens que aparecem nos evangelhos e que saíram mudados do encontro com Jesus: Pedro, João, André, Maria Madalena, a mulher encurvada, a menina Talita, o oficial romano, Zaqueu e tantos outros. Ou como aconteceu com os personagens dos Atos dos Apóstolos ou das Cartas, ou do Apocalipse.

(Uma pequena observação: a homilia não é o momento de dar os avisos; estes ficam para o final da celebração, nos ritos finais, após a oração depois da comunhão, logo antes da bênção final, cf. IELM, n. 27).

4. Partir do texto sagrado

De que modo serão expostos os mistérios da fé? Partindo do texto sagrado. Esta é a característica da homilia.

De que textos sagrados se trata? As palavras da Sagrada Escritura que se acabam de ler ou outro texto litúrgico, como por exemplo o prefácio do dia, principalmente quando se trata de um prefácio próprio, ou uma das orações do dia, ou a antífona da comunhão (cf. IELM, n. 24; SC, n. 35,4; IGMR, n. 41). Lembramos a importância de se fazer algumas vezes uma homilia sobre o salmo responsorial.

"Texto" significa não somente o *conteúdo* veiculado pelo texto, mas também as palavras, as imagens, o fraseado. Atualizar o texto não quer dizer somente tentar explicar seu possível *sentido* para nós hoje, mas devemos *deixar o texto sagrado falar por si*, como se fosse dito hoje. Uma narrativa do evangelho, por exemplo, ou uma passagem dos Atos dos Apóstolos, ou uma carta de Paulo, ou um prefácio...: recontar o episódio ou recolocar as palavras a partir da situação de vida dos ouvintes, de tal modo que possam reconhecer-se no texto, identificar-se com ele (com um dos personagens, por exemplo, ou num dos sentimentos ou atitudes expressos no texto), sentir que o texto foi dito para mim hoje. A partir daí é que poderá acontecer o encontro com Jesus, e este encontro faz acontecer a páscoa, faz irromper o Reino no aqui e agora de nossas vidas.

5. Seguir o Ano Litúrgico[1]

As leituras bíblicas ouvidas nas celebrações seguem um roteiro que acompanha os vários momentos do Ano Litúrgico. O mistério de Cristo é como que desdobrado em leque, para dele podermos participar ao longo do ano. A homilia, portanto, deve levar isso em conta:

O Advento privilegia a dupla vinda de Cristo: a primeira vinda na encarnação de Deus que celebramos no Natal e a vinda gloriosa no fim dos tempos. O Advento nos ajuda a fazer de toda a nossa vida uma espera do Senhor.

Natal, Epifania e o tempo do Natal ao redor destas duas festas enfocam o mistério da encarnação de Deus: o Eterno entra no tempo; o Criador de tudo se torna ser humano frágil e sujeito às realidades históricas. A celebração destas festas realça o brilho divino de nossas vidas, nossa vocação de filhos e filhas de Deus.

---

[1] Cf. IELM cap. 5.

A Quaresma nos faz acompanhar Cristo no deserto, lugar de provação, de purificação de nossa fé, de opção pelo projeto do Pai, preparando-nos assim para a renovação das festas pascais.

O tríduo pascal, em torno da grande festa da Páscoa, espalha em três dias o mistério da paixão, morte, ressurreição do Senhor, culminando na Vigília Pascal e nos leva a nos identificar sempre mais profundamente com o Senhor Jesus.

O tempo pascal é prolongamento da Páscoa durante 50 dias, incluindo Ascensão e Pentecostes como seu coroamento. O Cristo vencedor pela sua cruz e ressurreição pode agora derramar o Divino Espírito Santo sobre todos os seus, acompanhar a missão da Igreja e ir penetrando todas as realidades.

O tempo comum é caracterizado pelos domingos do tempo comum, também chamados de domingos durante o ano. Neles se condensa todo o mistério do Senhor, em todos os seus aspectos, desde a encarnação até à vinda gloriosa. Acompanhando, em um ciclo de três anos, a leitura dos evangelhos de Mateus, Marcos e Lucas, desde o chamado dos discípulos até o anúncio do fim, avançamos no seguimento de Jesus e na missão de anunciar o evangelho do Reino de Deus em nossa realidade.

6. Ligar com a realidade atual

A homilia expõe os mistérios da fé, partindo dos textos sagrados. Mas há um outro elemento que deve ser levado em conta: as circunstâncias concretas da vida e as necessidades dos ouvintes[2]. O texto lido a cada três anos é sempre o mesmo; porém, ouvido e interpretado a partir da realidade atual, ganha um novo rosto, um novo sentido. E será um rosto diferente, um sentido diferente *para cada comunidade celebrante*, porque não há duas comunidades iguais, nem dois momentos iguais na história. Então, podemos dizer que a homilia deverá ser sempre feita sob medida.

Vejam como é destacada a importância da realidade da comunidade para a homilia no Documento de Puebla, n. 930:

> A homilia, como parte da liturgia, é ocasião privilegiada para se expor o mistério de Cristo no aqui e agora da comunidade, partindo dos textos sagrados, relacionando-os com o sacramento e aplicando-os à vida concreta.[3]

---

[2] Cf. O documento conciliar sobre a vida dos Presbíteros, *Presbyterorum Ordinis*, n. 4; também a Instrução *Inter Oecumenici*, 1964, n. 54.

[3] CONCLUSÕES DA CONFERÊNCIA DE PUEBLA. São Paulo, Paulinas, 1979.

Mas, prestem atenção! Aqui encontramos mais um elemento novo. Não se trata somente de aplicar o texto sagrado à vida da comunidade; é preciso *expor o mistério de Cristo no aqui e agora da comunidade*. Usando os termos da Introdução ao Documento de Medellín (1968), poderíamos dizer isso da seguinte maneira: é preciso discernir, perceber a presença ativa de Deus na realidade. Portanto, os próprios fatos, lidos à luz da fé, tornam-se para nós Palavra de Deus. E a homilia é um dos momentos privilegiados para fazer este discernimento, para revelar esta palavra que está como que escondida dentro da realidade.

De fato, na prática da Igreja na América Latina, aprendemos a discernir sempre mais a presença de Deus, de Jesus Cristo Ressuscitado, do Espírito Santo, do Reino de Deus, dentro da história conflitiva da vida pessoal, comunitária, social, política. E os textos sagrados nos ajudam a fazer este discernimento.

De qualquer modo, Bíblia e vida estarão sempre ligadas na homilia, como em toda celebração litúrgica; pouco importa se o ponto de partida seja a Bíblia ou os fatos da vida. No entanto, o que podemos afirmar é que, de certo modo, a comunidade reunida com sua realidade atual tem precedência sobre os textos sagrados. Ou seja, é a necessidade da salvação na realidade atual que vai comandar a interpretação dos textos bíblicos. A comunidade deve poder reconhecer na homilia, sua vida com seus problemas, seus sonhos, seus acertos e desacertos, para poder ser tocada por Cristo. A Palavra de Deus deve soar como boa nova e como apelo de conversão e compromisso para *esta* comunidade reunida. Deverá apontar caminhos, propostas bem concretas de compromisso com Jesus e com a vinda do Reino hoje, na realidade atual.

Neste sentido, às vezes, será preciso abordar na homilia acontecimentos comentados por todos, fatos da atualidade divulgados por jornais, rádio e televisão. Como julgar este fato do ponto de vista da mensagem de Jesus? Enquanto cristãos, como avaliar estes fatos e como agir diante deles? (Em alguns casos, poderá ser necessário até mesmo escolher leituras bíblicas mais apropriadas, evitando fazer isso em dias de festa ou tempos litúrgicos privilegiados.)

A título de exemplo, vejam como Jesus parte de fatos da atualidade no anúncio da Palavra de Deus: leiam Lucas 13,1-5. Se acontecessem hoje, os dois fatos citados provavelmente fariam parte do noticiário...

7. Ouvir a Palavra de Deus na América Latina

A relação entre fé e vida, Bíblia e vida, tem sido fundamental em nossa vida e missão como cristãos na América Latina. Entendemos que, por causa de nossa fé, devemos nos empenhar por uma mudança social e política que acabe com a miséria, a pobreza, a opressão política e cultural e que crie uma sociedade nova, com pleno reconhecimento e participação de todos os cidadãos e cidadãs. Mas, ao mesmo tempo, esta relação tem sido combatida, tem sido objeto de discussão, de falta de compreensão, de desentendimentos entre comunidades e movimentos.

Por isso, ouçamos o que diz a Pontifícia Comissão Bíblica, em um texto chamado *A interpretação da Bíblia na Igreja* (2ª ed. São Paulo, Paulinas, 1994). Entre outros, fala sobre *A interpretação latino-americana da Bíblia,* mais especificamente sobre *A abordagem da libertação.* Vejamos passagens do texto oficial, algumas transcritas literalmente, outras sintetizadas:

> Pode-se dizer que ela (a abordagem da libertação) não adota um método especial. Mas, partindo de pontos de vista sócio-culturais e políticos próprios, ela pratica uma leitura bíblica

orientada em função das necessidades do povo, que procura na Bíblia o alimento de sua fé e da sua vida. (...) procura-se uma leitura que nasça de uma situação vivida pelo povo. (...) A realidade presente não deve ser ignorada, mas, ao contrário, afrontada em vista de iluminá-la à luz da Palavra. Desta luz resultará a práxis cristã autêntica, tendendo à transformação da sociedade por meio da justiça e do amor. Na fé, a Escritura se transforma em fator de dinamismo de libertação integral.

Princípios desta abordagem bíblica da libertação:

- Deus está presente na história de seu povo para salvá-lo. Ele é o Deus dos pobres, que não pode tolerar a opressão nem a injustiça. É por isso que a exegese não pode ser neutra, mas deve tomar partido pelos pobres no seguimento de Deus, e engajar-se no combate pela libertação dos oprimidos (...).

- A comunidade dos pobres é a melhor destinatária para receber a Bíblia como Palavra de libertação.

- É às comunidades que em primeiro lugar a leitura da Bíblia é confiada.

- A Palavra de Deus é plenamente atual, os acontecimentos fundadores suscitam novas realizações no curso da história.

Elementos de valor da teologia da libertação:

... o sentido profundo da presença de Deus que salva; a insistência sobre a dimensão comunitária da fé; a urgência de uma práxis libertadora enraizada na justiça e no amor; uma releitura da Bíblia que procura fazer da Palavra de Deus a luz e o alimento do povo de Deus em meio a suas lutas e suas esperanças. Assim é sublinhada a plena atualidade do texto inspirado.

Riscos:

pode não dar suficiente atenção a todos os textos da Bíblia; análise da realidade inspirada em doutrinas materialistas: luta de classes; escatologia terrestre, em detrimento da escatologia transcendente, ou seja, reduzir as promessas de Deus, o Reino de Deus, à vida aqui na terra.

Partindo deste texto, cada comunidade poderá avaliar sua maneira de ler e interpretar a Bíblia, sua maneira de ligar fé e vida. E, a partir daí, tirar as conclusões para as homilias: por que a homilia precisa levar em conta os acontecimentos da vida pessoal, comunitária, social, política? A que tipo de compromisso deve levar? Qual é a melhor forma de fazer isso?

8. Ligar com a realidade sacramental

Costuma-se dizer que a homilia tem de *ligar três coisas*: os textos sagrados, a realidade na qual vivemos e o mistério que estamos celebrando. Já falamos dos textos sagrados e da realidade da comunidade. Resta dizer algumas palavras sobre o terceiro elemento: o mistério que estamos celebrando. Trata-se da homilia enquanto *mistagogia*: que explicita e nos introduz no mistério de Cristo acontecendo para nós na celebração como realidade simbólico-sacramental.

De fato, para nós, cristãos, a celebração não é apenas uma ação humana, mas também divina. Através da ação ritual, simbólico-sacramental, temos contato com o mistério de Deus revelado em Jesus Cristo. Deus Pai, o Cristo Ressuscitado e o Divino Espírito atuam na celebração através dos sinais sensíveis da liturgia. Fazem acontecer a páscoa para nós. Introduzem-nos na comunhão que existe entre as pessoas da Santíssima Trindade. Renovam conosco a Aliança.

Tomando esta imagem bíblica da Aliança, podemos entender mais claramente a posição da homilia no conjunto da celebração[4]:

> Leiam: Êxodo 24,1-12 (Onde encontramos, misturadas, duas tradições da conclusão da Aliança no monte Sinai). Há dois grandes elementos:
>
> • O Senhor propõe ao povo, através do profeta, os benefícios e as exigências da Aliança (a Lei, a Palavra do Senhor) e pergunta se o povo as aceita. O povo dá sua resposta.
>
> • Depois da resposta afirmativa da parte do povo, a Aliança é realizada (selada, efetivada) através de um rito, que pode ser aspersão do sangue dos animais sobre o altar e sobre o povo (vv. 5-8) ou uma refeição sagrada (v. 11b).

No caso da missa, a liturgia da Palavra é o primeiro elemento: ouvimos os benefícios e as exigências da Aliança (leituras bíblicas, homilia). Respondemos com a profissão de fé. A liturgia eucarística é o segundo elemento, quando a aliança é renovada, realizada, selada, efetivada na memória da morte-ressurreição de Jesus, com pão e vinho que serão repartidos entre todos.

---

[4] Para este parágrafo, cf. DEISS, Lucien. *A Palavra de Deus celebrada;* teologia da celebração da Palavra de Deus. Petrópolis, Vozes, 1998.

Assim fica mais claro o que diz a SC, n. 56:

> As duas partes de que consta de certa forma a missa, a liturgia da Palavra e a liturgia Eucarística, devem estar tão estreitamente unidas, que formem um único ato de culto.

A homilia encontra-se numa posição de ligação entre as duas partes. Para que possamos entrar conscientemente na relação de comunhão e comer e beber o pão e o vinho da Aliança, a homilia deve nos fazer entender em que consiste esta Aliança, esta comunhão; deve suscitar em nós o desejo de viver nela e de assumir os compromissos que daí derivam.

Como fazer essa ligação?[5]

Quando se trata de uma celebração eucarística (missa), a homilia deve nos *ajudar a perceber e viver a ligação que existe entre Palavra e Eucaristia*, enquanto:

a) *anúncio* do mistério pascal de Cristo. Por isso, quem faz a homilia deve destacar — tanto no evangelho quanto na oração eucarística — esta qualidade de Boa Notícia, capaz de reanimar nossas vidas;

---

[5] O parágrafo seguinte baseia-se em parte em MALDONADO, Luis. *A homilia;* pregação, liturgia, comunidade. São Paulo, Paulus, 1997, cap. 2.

b) *memória de Jesus* (anámnese). Por isso, nos textos litúrgicos mais antigos, o prefácio da oração eucarística lembra o evangelho do dia (Ver, por exemplo, como os prefácios dos domingos da quaresma, retomam os evangelhos da quaresma do Ano A: a tentação no deserto, a transfiguração, o encontro de Jesus com a samaritana, a cura do cego de nascença e a ressurreição de Lázaro);

c) *atualização* (no *hoje* litúrgico). Por isso, também o canto de comunhão poderia retomar uma frase do evangelho do dia, como faz o Hinário Litúrgico da CNBB, 3º fascículo, para o tempo comum (pp. 247-290), acompanhando o Lecionário Dominical, Ano A, B e C. Isto nos ajuda a entrar pessoalmente, no momento da comunhão eucarística, na comunhão de vida com o Cristo, tal qual se fez conhecer na liturgia da Palavra. A comunhão no pão e no vinho vem completar e aprofundar em nós a comunhão na Palavra de Deus. Comparando com o mistério vivido por Maria, mãe de Jesus, podemos dizer: ouvimos atentamente o anúncio do anjo que nos transmite a promessa do Pai, e nos deixamos *engravidar* pela Palavra de Deus. O Verbo de Deus se faz carne, realidade humana em nós, em nossa vida, em nossa comunidade.

Também na celebração dos outros sacramentos (batismo, confirmação, reconciliação, unção dos enfermos, casamento, ordenação), a homilia tem a função de *ligar palavra e sacramento*. Na celebração dominical da Palavra, a homilia fará a *ligação da Palavra com a ação de graças* (e a comunhão eucarística, se houver). A partir dos textos bíblicos, suscitará a gratidão pela páscoa de Jesus, pela páscoa acontecendo em nossas vidas; suscitará o desejo de comunhão profunda com Deus e com os irmãos e irmãs, e com todo o universo, no mistério de Deus. Suscitará o compromisso com o crescimento do Reino de Deus entre nós.

> Daí é fácil deduzir que a homilia é *parte integrante* da celebração, como afirma o texto do Concílio Vaticano II que citamos acima.

9. Homiliasta, com a ajuda do Espírito Santo

Quem faz a homilia?

Normalmente, a homilia é da responsabilidade do ministro que preside a celebração. No caso da missa, será o bispo ou o padre; ou, de vez em quando, um diácono (cf. IELM, n. 50). No caso de missas com crianças, está prevista a possibilidade de um dos adultos que participam da missa com as crianças assumir essa função, principalmente quando o padre tem dificuldade de se adaptar à mentalidade das crianças (*Diretório para missas com crianças,* 1973, n. 24).

No caso da celebração dominical da Palavra, será um diácono ou um dos ministros(as) não-ordenados(as) que estão coordenando a comunidade reunida ou um(a) ministro(a) da Palavra.

Ser responsável pela homilia não significa necessariamente que uma única pessoa deva falar; poderá solicitar a participação da comunidade. Trataremos deste assunto mais adiante, no item 14, sobre homilia dialogada.

O que esperamos de um(a) homiliasta?

A maioria das pessoas que têm a responsabilidade de fazer a homilia, não considera fácil esta tarefa. Exige muito da pessoa. Impossível enumerar tudo o que se espera do(a) homiliasta, e será praticamente impossível contentar todo mundo. No entanto, alguns pontos merecem nossa atenção:

- Que seja uma pessoa de bom senso, com maneira simples de ser e de falar; tenha humildade e uma atitude de serviço.

- Que seja uma pessoa de fé, tenha o costume de meditar e orar a Palavra de Deus, abertura de coração e disponibilidade para a mudança de vida de acordo com o evangelho e dê testemunho de vida;

- Que tenha suficiente preparação bíblica, litúrgica, teológica e jeito (dom, carisma) para anunciar a Palavra de Deus;

- Que seja uma pessoa que participa da vida da comunidade e da Igreja local, esteja atenta ao que acontece, tenha um olhar contemplativo sobre a comunidade e sobre os acontecimentos, para poder dar uma palavra profética;

- Que acredite profundamente na força da Palavra de Deus que anuncia e se coloque como servo ou serva desta Palavra e não como dono ou dona;

- Que seja aceita por parte da comunidade e reconhecida por parte dos responsáveis pela Igreja local (padre, bispo).

Uma ajuda indispensável.

Quem se atreveria a assumir um ministério tão exigente e tão importante na vida da comunidade, se não pudesse contar com a ajuda do Divino Espírito Santo?

É o Espírito que nos faz lembrar e compreender as palavras de Jesus e nos faz compreender a vida, a realidade, a partir de Jesus. É ele que nos leva a ser atuantes e solidários.

> Leiam: João 14,25-26; João 16,5-15.

Por isso, não é nenhum luxo para o(a) homiliasta invocar o Espírito Santo, tanto no momento da preparação como da realização da homilia.

10. Aprendendo com homilias no Novo Testamento

A homilia tem suas raízes na tradição da sinagoga do povo judeu no tempo de Jesus e das primeiras comunidades cristãs. Aos sábados, de manhã, havia nas sinagogas um *ofício de leituras*. Primeiro lia-se um trecho da Torá (a Lei de Moisés, ou seja, os cinco primeiros livros da Bíblia). Era a leitura mais importante. Nos lugares onde o povo já não mais compreendia o hebraico (a língua em que estava escrita a bíblia), alguém fazia em seguida o 'targum', isto é, a tradução em aramaico ou em grego, a língua falada pela comunidade reunida. Era uma tradução bem livre e espontânea, muitas vezes com adaptações do texto à comunidade ouvinte. Depois se ouviam as leituras dos profetas e dos escritos com seus comentários, e também o salmo; tudo escolhido em ligação com a leitura da Torá. A homilia retomava sempre cada uma das leituras, explicando uma a partir da outra e ligando-as com a realidade do momento. Mostrava que o mesmo Senhor que estava presente na história do povo no passado, estava presente também no momento atual, hoje, para salvar e libertar o seu povo. Mostrava como a Palavra de Deus se cumpria, se realizava na história atual. Exortava e animava o povo a ficar fiel ao Deus da Aliança, a comprometer-se com ele, a confiar nele.

Usando este método aprendido na sinagoga, as primeiras comunidades cristãs mostravam na homilia que todas as Escrituras recebiam seu pleno cumprimento em Jesus Cristo.

Vejamos agora os seguintes exemplos.

A homilia de Jesus na sinagoga de Nazaré: Hoje se cumpriu esta Palavra

Leiam: Lucas 4,16-30

Reparem os vários momentos:

a) Convidado para fazer a leitura, Jesus escolhe uma passagem do profeta Isaías.

b) Depois da leitura do texto, faz a homilia, a interpretação do texto, sua atualização. Lucas apresenta isso de maneira resumida: "Hoje se cumpriu esta passagem da Escritura, que vocês acabam de ouvir." De fato, Jesus, no dia-a-dia de sua missão, estava trazendo a boa nova do Reino aos pobres, recuperava a vista de muitos cegos, fazia os coxos andarem, perdoava os pecadores. E não ameaçava com o castigo divino, como fazia o texto de Isaías.

c) A reação dos ouvintes: não aceitam a mensagem de Jesus; não conseguem reconhecer nele algo mais que o filho de

José. E, por isso, quando Jesus tenta levar os ouvintes a uma tomada de posição, voltam-se contra ele, expulsam-no da cidade e procuram matá-lo.

A homilia de Paulo na sinagoga de Antioquia da Pisídia: exortação

> Leiam: Atos 13,13-43

Depois das leituras da Lei (Torá) e dos Profetas, Paulo é convidado a falar algumas palavras de exortação (animação, consolação). Segundo o método homilético descrito acima, Paulo explica as leituras uma a partir da outra, mostrando como todas elas se realizam em Jesus Cristo. Leiam com atenção as palavras de Paulo. Vejam como atualiza a mensagem, tirando das leituras uma Palavra viva que compromete os ouvintes, que procura levar a um compromisso, a uma tomada de posição da comunidade, hoje: "Nós anunciamos a vocês este Evangelho.(...) Tenham cuidado para que não aconteça a vocês o que os profetas disseram..."

A homilia de Paulo em Trôade:
a Páscoa acontece

> Leiam: Atos 20,7-12

Reparem os seguintes elementos importantes:

- É domingo, primeiro dia da semana, dia da Ressurreição, dia de Páscoa.

- Por isso mesmo, a comunidade está reunida para a fração do pão (a Eucaristia).

- Paulo, de passagem na comunidade, anuncia a Palavra e prolonga sua fala até a meia-noite.

- Um rapaz, tomado de sono, cai da janela do terceiro andar e morre. Paulo interrompe a fala, desce, debruça-se sobre o rapaz e assegura que está vivo. Reparem o nome do rapaz: Eutico, Boa-Sorte, Sortudo! Graças a Paulo, ele passa da morte para a vida. Faz a Páscoa. No contexto da comunidade reunida no dia do Senhor para ouvir a Palavra e celebrar a ceia, ele ressuscita. (Não é isso que cada homilia deveria fazer acontecer em nós, na comunidade?)

- Paulo realiza a fração do pão (a Eucaristia) e continua falando até o amanhecer, quando parte em viagem.

11. Passos na preparação de uma homilia

"...que a homilia seja fruto da meditação", nos lembra IELM, n. 24. Portanto, pede uma preparação orante. A homilia pode ser preparada individualmente, mas costuma ganhar muito em qualidade quando preparada em equipe. As orientações seguintes levam em conta as duas possibilidades. Nem sempre será possível seguir todo este roteiro; cada grupo deverá adaptá-lo às suas possibilidades:

1) Abrir a Bíblia, em espírito de oração, acender uma vela. Silêncio. Invocar o Espírito Santo.

2) Olhar a realidade de maneira contemplativa.

a) Visualizar o que está acontecendo de importante na comunidade, no bairro, na cidade, na região, no país, no mundo.

b) Visualizar a assembléia para a qual se vai fazer a homilia.

3) Situar a homilia no tempo litúrgico, por exemplo: 21º domingo do tempo comum; localizar os textos na Bíblia ou Lecionário e no Missal.

4) Trabalhar (estudar, destrinchar, atualizar...) os textos bíblico-litúrgicos: o envangelho, a primeira leitura, o salmo de resposta, a segunda leitura, o prefácio, o canto de comunhão, os outros cantos; as orações presidencias, principalmente a coleta. Se não houver tempo para ver todos os textos, que se trabalhe principalmente o evangelho. A proposta de leitura orante que vem a seguir e poderá ser feita previamente, em casa, por todos os membros da equipe. Neste caso, na reunião se fará uma partilha daquilo que cada pessoa descobriu:

O método proposto é o da leitura orante da Bíblia, com seus quatro passos:

a) Primeiro passo: leitura (O que nos fala o texto em si?):

- Ler o texto, como se fosse pela primeira vez.

- Interrogar o texto: quem fala? Para quem? Onde? Quando? Por quê? Para quê? Que tipo de relação existe entre os personagens? Por quê? Qual é a imagem de Jesus que aparece nestes textos? O que nos revelam do Pai? Mensagem central? Palavras-chaves? Divisão em partes?

- Se possível, completar com a leitura de algum subsídio, principalmente para a exegese do texto. (Alguém pode fazer isso antes e trazer o resumo para a reunião da equipe.)

- Relacionar os textos entre si, por exemplo, o evangelho e a primeira leitura; a primeira leitura e o salmo de resposta; o evangelho com o Prefácio e o canto de comunhão. (Ver, principalmente para o tempo comum, o Hinário Litúrgico da CNBB, volume 3, onde encontramos, das páginas 247 a 290, um canto de comunhão acompanhando cada um dos evangelhos do Lecionário Ano A, B e C.).

b) Segundo passo: meditação (O que Deus nos fala hoje por este texto?):

- Ler e reler o(s) texto(s).

- Repetir alguma frase que chamou nossa atenção ou que nos tocou mais profundamente.

- Com que personagem nós nos identificamos mais? Por quê?

- Revolver o texto em nosso coração, relacionando-o com a nossa realidade (evocada no n. 2): o que o Senhor tem a nos dizer hoje com este texto, na realidade em que vivemos, na situação em que nos encontramos?...

- Repetir, aprender e dizer de cor o texto todo ou parte do texto. E, assim, ir passando para os dois passos seguintes.

c) Terceiro passo: oração (O que o texto nos leva a dizer a Deus?):

Responder, reagir à fala do Senhor em nós; dirigir-lhe a palavra, interceder, agradecer, pedir..., na alegria ou na tristeza, cantar ou ficar em silêncio...

d) Quarto passo: contemplação (Deixar que o texto estreite nossa relação com Deus e nos prepare para um compromisso maior):

> Mergulhar no silêncio, no mistério que o Senhor nos revela a partir da leitura e meditação. Viver a comunhão com o Senhor, na sua morte-ressurreição. Deixar-nos transfigurar por ele.

5) Depois deste mergulho na Palavra de Deus, ir anotando as primeiras idéias para a homilia:

> a) Qual poderá ser a mensagem principal, a boa notícia do Senhor para a comunidade? Qual o apelo que o Senhor parece nos dirigir nas circunstâncias atuais de nossa vida?

> b) Há alguma palavra, frase, imagem, símbolo... que poderíamos focalizar na homilia?

6) Deixar tudo isso *de molho* durante alguns dias, orando sobre isso e anotando as idéias, as imagens que vão aparecendo.

7) Fazer um roteiro para a homilia, pensando em início, meio e fim:

> • O início é sempre muito importante, porque é dele que dependerá sobretudo a atenção da assembléia. Poderá ser: uma palavra ou frase de um dos textos bíblicos ou litúrgicos; um fato ou problema da realidade;

uma realidade ou idéia que pode servir de exemplo; uma experiência pessoal; uma estória.

- O meio ou *miolo* da homilia não pode ser muito longo, nem conter idéias demais. O melhor mesmo é deixar os próprios textos bíblicos falarem, principalmente o evangelho, e fazer com que a comunidade se reconheça neles: a) em sua situação de necessidade ou de pecado; b) no encontro com o Cristo Ressuscitado, agora, na celebração; c) na chegada do Reino de Deus, na Páscoa que vai acontecendo em suas vidas neste momento, graças à proclamação da Palavra.

- O final da homilia deve ser breve, rápido e previsto, como propõe Luís Maldonado. Poderá sugerir uma atitude bem concreta para a vida ou apontar para a segunda parte da celebração (liturgia eucarística, batismo etc.), ou ainda, terminar com um refrão meditativo ou com um silêncio profundo e fecundo, onde cada pessoa se defronta com o próprio Senhor na intimidade, no coração, na consciência.

12. Subsídios para a preparação da homilia

Não é difícil encontrar material para melhor preparar a homilia. Há muitos subsídios disponíveis. É claro que não podem fazer muito mais do que aprofundar as leituras bíblicas e dar algumas idéias básicas. A homilia mesma, conforme vimos acima, depende antes de tudo da comunidade celebrante e da realidade na qual vive. E depende também de cada homiliasta, como profeta, como guia espiritual, com suas características, capacidades e limitações. Por isso, ainda que se deva aproveitar ao máximo o material indicado, devemos nos lembrar de que não nos pode dar uma homilia pronta!

É importante ressaltar ainda que, infelizmente, poucos subsídios levam em conta os textos litúrgicos do dia e o contexto litúrgico das passagens bíblicas. Além disso, dos quatro textos bíblicos usados na celebração dominical, o salmo costuma ser ignorado! Portanto, quem prepara a homilia, deverá preencher estas lacunas.

Vejamos, então, alguns dos muitos subsídios existentes:

1) CARPANEDO, Penha & GUIMARÃES, Marcelo. *Dia do Senhor:* Guia para as celebrações das comunidades (vários volumes). São Paulo, Apostolado Litúrgico Produções.

Encarte na *Revista de Liturgia,* São Paulo.

O *Dia do Senhor,* publicado desde o final de 1989, ajuda na preparação e celebração dominical, principalmente nas celebrações na ausência do padre. Traz a indicação das leituras, introduções, cantos, preces, elementos para a homilia, sugestões de gestos e ações simbólicas, orações..., tudo isso na busca de uma liturgia viva, participada, inculturada, inserida na caminhada solidária dos pobres. Existe como encarte da *Revista de Liturgia* e três volumes já foram publicados em forma de livro.

2) KONINGS, Johan. *Espírito e mensagem da liturgia dominical:* subsídios para a liturgia, pregação e catequese. Petrópolis, Vozes, 1986.

Oferece um resumo dos textos bíblicos e litúrgicos dos domingos e festas dos anos A, B e C, assim como pistas exegéticas das leituras e uma apresentação da mensagem central de cada domingo ou festa; tudo isso em apenas duas páginas. Encontramos ainda, na introdução do livro, um aprofundamento sobre a relação entre bíblia, liturgia e realidade.

3) BORTOLINI, José. Roteiros homiléticos. In: *Vida pastoral,* São Paulo, Paulus.

A revista sai a cada dois meses e traz a análise das leituras bíblicas de cada domingo (infelizmente sem considerar o salmo de resposta) e algumas pistas para a homilia. Podemos encontrar a revista, gratuitamente, nas lojas da Paulus Editora.

4) Roteiros homiléticos da CNBB, na Coleção *"Queremos Ver Jesus, Caminho, Verdade e Vida"*, São Paulo, Paulinas, 2004.

5) OLIVEIRA, Maria do Carmo de & ZAVAREZ, Maria de Lourdes, Preparando o Dia do Senhor. Coluna na *Revista de Liturgia*, São Paulo, com breves considerações sobre leituras bíblicas de cada domingo, em preparação à homilia.

Os textos do programa poderão ser encontrados também na Internet, no seguinte site: <www.dehonianos.org.br/liturgia.htm>.

Fitas de vídeo já gravadas podem ser solicitadas junto aos produtores do programa *Vida Viva*.

13. Momento de fazer a homilia: alguns lembretes.

Já se falou acima da homilia como conversa familiar, que procura criar uma ligação dos participantes da celebração com a pessoa de Jesus. Já se falou dos conteúdos e dos objetivos da homilia e também de sua dimensão profética e mistagógica. Neste momento, apenas acrescentamos algumas dicas e lembretes para a realização da homilia feita por uma só pessoa e, no item seguinte, falaremos da homilia dialogada.

1) Lugar da homilia: na cadeira da presidência (de pé ou sentado), ou na estante da Palavra (cf. IELM, n. 26).

2) Duração: "Nem muito longa e nem muito curta – e que se leve em consideração todos os presentes, inclusive as crianças e o povo, de modo geral as pessoas simples", diz a IELM, n. 24.

3) Preparar bem os equipamentos de som, saber falar bem, ter boa dicção.

4) Cuidar da postura, movimentos, expressão corporal (na medida certa e na hora certa). Semblante sereno; fazer transparecer a esperança.

5) Comunicação: passar um bom conteúdo em pouco tempo. Dar uma palavra pessoal, que venha da própria experiência ou da comunidade. Manter a dinâmica dialogal de encontro entre Deus e a comunidade.

6) Pode ser interessante usar o livro (bíblia ou lecionário) durante a homilia, referindo-se sempre às leituras proclamadas.

7) Ser criativo(a). Usar símbolos: dos textos bíblicos, da liturgia, da vida cotidiana da comunidade.

8) Assumir e incorporar as *surpresas*: intervenção da comunidade, fatos acontecidos na véspera, por exemplo.

9) No final, deixar um momento de silêncio, para que a Palavra seja acolhida interiormente e se prepare uma resposta, por meio da oração (cf. IELM, n. 28).

10) Outra possibilidade: antes de iniciar a homilia propriamente dita, deixar um momento para que os participantes repitam uma ou outra frase dos textos bíblicos que os marcou durante a proclamação.

11) De vez em quando, pensar num breve refrão meditativo, relacionado com a homilia; repeti-lo várias vezes no final da homilia.

12) Sugestão: Completem vocês mesmos esta lista, a partir dos capítulos anteriores desse livro e a partir de sua própria experiência.

14. Homilia dialogada

Principalmente nas comunidades menores, costuma ser apreciada a homilia dialogada, com a participação de toda a assembléia. De fato, o Espírito Santo fala a todos os fiéis e "... todos os membros da Igreja têm um papel na interpretação das Escrituras" (Pontifícia Comissão Bíblica, *A interpretação da Bíblia na Igreja*, p. 120). Comparem com os seguintes textos bíblicos:

Atos dos Apóstolos 2,17-18.33;
Atos dos Apóstolos 19,1-7;
1 Coríntios 14,26-33;
Colossenses 3,16 ss.

Comparem ainda com a prática da conversa sobre a Palavra de Deus nas comunidades monásticas primitivas. Na Vida de são Pacômio lemos a respeito:

> Em todas as estações, terminada a refeição, tinham por costume reunir-se, comentando cada qual o que sabia sobre as Sagradas Escrituras. Naquela noite, depois que todos se sentaram, cada um deles se expressou sobre a Palavra que aprendera ou que ouvira dos lábios dos outros. (*Vida de são Pacômio*, segundo a tradição copta, Salvador, CIMBRA, 1989, n. 29, p. 51).

Embora não se trate neste caso de uma celebração, com certeza, reconhecemos nesta prática antiga, a maneira de se ler a Palavra de Deus nas comunidades de base. Ali o povo recuperou o seu espaço como intérprete das Sagradas Escrituras, a partir de sua rica experiência espiritual de vida, completando assim as interpretações dos padres, bispos e biblistas profissionais.

Vejamos o que diz a este respeito a CNBB, quanto à homilia na missa:

> Onde for oportuno, convém que a homilia procure despertar a participação ativa da assembléia, por meio de diálogos, aclamações, gestos, refrões apropriados. Ainda, segundo as circunstâncias, o presbítero poderá convidar os fiéis a dar depoimentos, contar fatos de vida, expressar suas reflexões, sugerir aplicações concretas da Palavra de Deus. E finalmente fazer algumas perguntas sobre o que falaram as leituras, de que modo elas iluminam a nossa vida; e até que ponto a celebração da Eucaristia a realiza. (*Animação da vida litúrgica no Brasil*, Documento 43, n. 279).

Há várias maneiras de fazer a homilia em forma de conversa comunitária:

1) momento em grupos pequenos (no máximo sete pessoas);

2) cochicho entre duas ou três pessoas;

3) palavra livre em plenário.

Para ajudar na conversa, pode-se preparar uma ou mais perguntas. (Por exemplo, retomando as questões que já apareceram na preparação: *Qual a boa notícia que a Palavra de Deus nos traz hoje? Que apelo ela nos faz?*) No final do momento de grupos ou cochicho, pode-se fazer um momento de plenário, (ou não), sem a preocupação, no entanto, de fazer um relatório daquilo que foi falado no grupo; é melhor privilegiar o estilo de troca de experiências.

Quanto maior o número de participantes, maior deverá ser a atuação do(a) homiliasta:

- coordenando a conversa (provavelmente falará pouco);

- introduzindo a conversa e dando uma palavra final de peso;

- evitando que uma ou duas pessoas tomem todo o tempo para si, ou que a palavra corra solta;

- garantindo a palavra a todos dentro do tempo disponível;

- garantindo que o Senhor possa dizer sua Palavra, revelar-se à comunidade, anunciar a boa nova, tocar a comunidade e dispô-la para a celebração e para a missão.

15. Como avaliar a homilia

Tudo o que foi falado sobre a homilia até agora pode-se transformar em assunto de avaliação da mesma. Uma tarefa longa demais para este livrinho! Então, formularemos apenas algumas perguntas que poderão servir de exemplo. Quem vai responder a essas perguntas? Normalmente, será a equipe de liturgia, em sua reunião semanal. Mas, poderá ser interessante, uma vez ou outra, fazer um tipo de teste com um dos grupos da comunidade. Para cada ocasião é preciso escolher as perguntas mais adequadas:

1) O que me tocou pessoalmente na homilia? Por quê? O que provocou em mim?

2) Levou em conta o tipo de assembléia reunida e sua experiência de vida e de fé (cidade/zona rural, centro/periferia, adultos/jovens/crianças)?

3) Os participantes tiveram realmente oportunidade de participar? Criou-se um clima de entrosamento na assembléia?

4) Partiu dos textos sagrados (bíblicos, litúrgicos)?

5) Anunciou Jesus Cristo e tentou levar a um encontro com ele? Provocou um mergulho no mistério de Deus? Como?

6) A realidade esteve presente? Em que nível? (Pessoal? Comunitário? Social? Cósmico?). Houve um chamado, um convite, uma proposta positiva (e não somente crítica negativa)?

7) Foi mistagógica, explicitando a relação das leituras bíblicas com a Eucaristia, com a ação de graças? Levando a uma maior comunhão com Jesus Cristo através do rito sacramental? Como?

8) A linguagem usada estava de acordo com a comunidade celebrante? Sim? Não? Por quê?

9) O tom de voz foi: Normal? Sacralizado? Demagógico? De discurso ou de conversa? Tom de quem possui toda a verdade e quer ensinar aos outros, ou tom de partilha fraterna, de busca em comum daquilo que o Senhor quer nos dizer?

10) O tempo: Curto? Longo? Suficiente? Conseguiu prender a atenção da assembléia?

11) Tente resumir a homilia em duas ou três frases, como se fosse para alguém que não participou (conteúdo, experiências provocadas).

Leituras recomendadas:

DEISS, Lucien. *A Palavra de Deus celebrada:* teologia da celebração da Palavra de Deus. Petrópolis, Vozes, 1998.

O livro resgata e fundamenta a celebração da Palavra de Deus como festa da Aliança com o Deus vivo. Traz preciosos elementos da tradição judaica e cristã, e traz orientações para a prática celebrativa. Trata mais especificamente da homilia nas pp. 75ss.

MALDONADO, Luis. *A homilia:* pregação, liturgia, comunidade. São Paulo, Paulus, 1997.

O autor tenta unir os dois tratados que costumam ser dados separadamente nas escolas de teologia: a homilética e a querigmática. Resgata a profundidade da homilia como anúncio do Reino, como proclamação e celebração do mistério pascal, em íntima ligação com a liturgia eucarística. Fundamenta a homilia como ação comunitária e comunicativa, que deve ser devidamente preparada.

Rua Dona Inácia Uchoa, 62
04110-020 – São Paulo – SP (Brasil)
Tel.: (11) 2125-3500
http://www.paulinas.com.br – editora@paulinas.com.br
Telemarketing e SAC: 0800-7010081